J. HANNEZO

# Les Marais, Etangs et Prés humides

## du Département de l'Ain et Régions limitrophes

## au point de vue toponymique

Extrait du Bulletin de la Société des *Naturalistes de l'Ain*
Nos 27 et 28
15 Novembre 1910, 15 Mars 1911

BOURG
IMPRIMERIE DU « COURRIER DE L'AIN »
1911

# Les Marais, Etangs et Prés humides

### du Département de l'Ain et Régions limitrophes
### au point de vue toponymique

#### Par J. Hannezo

Les parties humides de notre sol français ont reçu des appellations fort diverses et quelquefois très curieuses ; en général, cette toponymie remonte à une très haute antiquité. Je citerai, pour mémoire, les *pouls, paluds, lais, léchères, mouilles, mouillères, noues, nièvres, noailles, mares, marais, creux, crozets, conques, étangs, saignes, sagnes, rosières,* etc., etc., qui abondent sur notre territoire et ont donné lieu souvent à des interprétations erronées.

Le département de l'Ain, surtout les régions de Bresse et des Dombes, sont sous ce rapport très intéressants à étudier ; je ne m'occuperai aujourd'hui que des *Luis, Lis, Loies, Léchères* et leurs dérivés, rattachés à une racine typique Indo-Européenne, *Li* et *Lù*.

Cette racine désigne « tout ce qui est mouillé, liquide, ou tendant à se liquéfier », et, par conséquence, les terrains humides ou aquifères. Elle est relativement peu répandue en France. Nous la trouvons :

1° en *sanscrit* : *lù*, sens de laver, mouiller, *li, luya, laya,* liquide, liquéfaction, *lina,* liquéfié, fondu.

2° en *grec* et en *latin, embranchements linguistiques du Sud* : *limnê*, étang, lac, grec, *louô, locô, lousô*, laver, mouiller, etc. ; *latin, luere, alluere, diluere* ; d'où *alluvium, diluvium, dilutus, lutum* (bouc), *luteus, lutosus,* boueux ; *lues, luis,* en vieux latin, eau corrompue, et *lix, lixa, lixivia,* lessive, cendres mouillées ; intrinsèquement objets imbibés d'eau, se rapportant à un nom latin disparu « lixa » qui a précédé « aqua » et que l'érudit grammairien Nonnius rappelle dans ses œuvres si originales (1). On peut aussi y joindre *limus,* le limon, terre toujours mouillée ; *liquidus, liquor,* etc., etc. Et de même *fluere,* couler ; *pluvia,* la pluie, qui semblent indiquer, comme le fait remarquer le savant Paul Regnaud (*Dict. étymol. du Latin,* Lyon 1908), une forme plus ancienne de *plu, plug, flu* et *flug.*

---

(1) Nonnius ou Nonius (Marcellus). IIIe siècle de notre ère. *De proprietate Sermonum.* (Quicherat, 1872).

3° dans les *embranchements linguistiques du Nord* :
*Vieux Slavon. Luza, lus,* marais, étang, surface d'eaux.
Ex. La Lusace, pays de marais.

*Celtique. Luih, luith, loith,* prononcés à l'anglaise ; *luis,
luis, lus, luz* et *lis :* terres humides, li, couler. Irlandais,
*legaim, leagh.* Breton, *leize, leis,* humide. Ecossais, *loch,*
lac. Armorique et Irlandais, *li,* petite mer, lagune ; *linnos,
linn, lenn,* étang, *leit,* boue, vase. Cornique, *lin,* marais.
Gaëlique, *Llaid,* boue. Kymri, *Lli,* petite mer, étang, etc.

*Vieux germain. Lisca* (lis-ca) plante de marais. *Liesch,*
all. moderne, laîche. *Lehm, leim,* allemand, boue, argile.
*Lime,* anglais, glu, colle, mortier. (Cf. *limus,* limon).

4° *dans les langues latines et françaises modernes : vieux
français, loye, luie, loïe,* boue, terre humide, inondée par
les pluies ou les rivières, marais.

*Lutaud,* crapaud, animal vivant dans la boue ; *français
actuel, lie,* dépôt de liquides boueux, vins ou liqueurs. *Limon.
Liquide. Laiche,* autrefois *Lêche, Lesche,* carex, joncs et
plantes marécageuses. (V. germ. *lisca*). Au sens moral,
prolixe, homme dont la parole coule comme de l'eau *(pro-lixa).*

*Italien. Loïa,* terre humide, comme la *loye.* V. fr.

---

Voici les adaptations de la racine *Lu* et *Li,* dans ses formes
complexes, à la toponymie de nos régions :

A. — Forme Lu, Luy, Luis, Lus, Lux.

*Luisandre.* Deux hameaux (Péronnas et Saint-Denis près
Bourg (Ain).

*Luisandres (Luisandrias),* hameau et montagne dépendant
d'Ambérieu-en-Bugey. Près d'un marais herbeux, sorte de
cuvette. Sous le sommet, existent encore quelques granges
qui ont reçu leur nom des prairies humides environnantes.
Rappelons, à titre fantaisiste, l'explication donnée par Bacon
Tacon : *Luis,* bois sacré, du latin *lucus ; andres,* hommes, du
grec.

*Luisante,* voisin d'un hameau appelé *Loise,* même sens et
même situation (Saint-Cyr-sur-Menthon).

*Luisard* (Chazey-sur-Ain). — *Luisieu, in Lutiaco* (Belley).
— *Luizant,* hameau de Cormoranche, village qui lui-même
signifie la ferme, le domaine marécageux. *Le Luizet*
(Saint-Trivier-de-Courtes). — *Les Lusy* (Domsure). —
*Lusignat* (Chevroux), au bord du ruisseau de Loëse, Loise et
près d'un grand étang qui autrefois mesurait 68 hectares. —
*Luyseis* (Neuville-sur-Renom), de *Luseiaco, Luziaco,* hameau

— 3 —

disparu. — *Lhuis* (arrondissement de Belley), de *Lueis,
Lueys, Luyeis, Lues, Luys, Luis,* dont Bacon Tacon a fait
un *Lucus isiacus,* bois sacré d'Isis. — *Lucy* (Montracol
(Ain), et près de Montceau-les-Mines (Saône-et-Loire). —
*Lusigny,* en prés humides, bords de la Seille louhannaise. Un
autre Lusigny, de la Côte-d'Or, s'appelait *Lusiacum,* lieu
arrosé par un étang qui recevait les eaux de l'Ouche ; les
scribes en firent plus tard un *Luciniacum* (Courtépée) et les
étymologues, amateurs de gentilices, lui décernèrent l'origine
de *Villa de Lucinius,* ce qui prouve une fois de plus que le
« vraisemblable n'est pas toujours vrai » !

*Lux* (Saône-et-Loire, au sud de Châlon) dans les prairies
mouillées des bords de Saône et voisin d'un autre lieu de
même sens appelé Loisy. Ce village doit à son nom une
légende historique : les bons scribes médiévaux traduisirent
d'abord le *Lus, Luis,* gaulois, par *Lucus,* puis par *A Luce,*
ce dernier sens permettant de fixer le point fameux si contro-
versé où Constantin-le-Grand, lors de sa campagne contre le
tyran Maxence en 312, aurait aperçu la lumière de la Croix
dans le Ciel avec les lettres sacrées : *In hoc signo vinces,*
origine du Labarum. Comme il y a un autre *Lux* en Côte-
d'Or et un certain nombre de *Lus* et *Luz* en France (1) du
Nord au Midi, la trouvaille faite pour le hameau de Saône-
et-Loire me paraît sérieusement compromise. Quoiqu'il en soit,
elle repose sur une hypothèse imaginative, tandis que l'existence de terrains humides dans cette partie des rives de la
Saône est topographiquement, logiquement incontestable. Je
citerai encore à l'appui de cette thèse un village pittoresque
du Dauphiné, aux confins de l'Isère et la Drôme, *Luz-la-
Croix-Haute,* sis dans un plateau-cuvette au pied du col de
même nom, et dont les prairies, que j'ai parcourues plusieurs
fois, sont de véritables marais très riches en plantes aquatiques.

*Beluize,* le beau marais, près d'un lieu dit La Palud, dans
le Beaujolais.

A rapprocher aussi de *Lux* et de son parent *Lixa* l'origine
de Luxeuil (Luxovium, Lixovium) où le souvenir des eaux
alcalines connues et utilisées de haute antiquité s'impose
linguistiquement. Dans la Normandie, les gaulois Lixovii
habitaient les marais de l'embouchure de la Touques dont le
nom ancien Luisinum concorde avec la racine *Luis* antique ;

---

(1) Consulter à ce propos le Labarum. Abbé J.-P. Desroches. Paris,
1894.

— 4 —

leur oppidum, Lixovium comme Luxeuil, est aujourd’hui *Lisieux.*

B. — Forme de Lis, Li, Lie, Liez, etc.

*Lys* près Chissey-lès-Mâcon (Saône-et-Loire).
*Lissiat,* près Romenay, au bord de la Seille.
*Lizieu* ou *Lissieu* (Civrieux), en plein pays d’étangs.
*Liezau,* nom d’étangs au Montellier et à Chalamont.
*Leyzieu* ou *Leysieu,* hameau de Pollieu, village du marais (*poul,* celtique, *palus,* latin).
*Laly,* étangs à Valeins et Saint-Nizier-le-Désert (Ain).
*La lie* (Saône-et-Loire) entre Charnay et Loché (ancien étang entretenu par la Saône — à Saint-Romain-des-Iles — dans l’Ain, à Messimy, tous en terres humides.

Cet été, traversant un vallon plat entre deux cols de Savoie du côté de Roselend, je lus sur la carte « Plan de la Lia »; ce vallon gazonné, entrecoupé de flaques d’eau, foisonnant de joncs et de carex, répondait exactement à sa désignation linguistique.

Il y a cependant des exceptions à ce sens spécial, car j’ajouterai que, selon Ducange, *Lia* est quelquefois l’altération de *leya* et *laya,* chemin de forêts et forêt par extension; c’est en étudiant de près le terrain qu’on doit fixer son origine toponymique exacte, méthode très simple, très scientifique, mais rarement suivie par nos prédécesseurs.

C. — Forme Lou, Loui, Loïe, Loise, etc. Prononciation douce du *lù* sanscrit, du *luis, luith* celtique; rapprochement avec le sanscrit *luya* et *laya.*

*La Louya,* près Dhuisiat (Ain). — *Le Louet,* près Marizy (*Marisci,* marais), Charollais. — *La Louère,* Cuisery (Saône-et-Loire). — *Loyat,* au bord de l’Ain. — *La Loye* ou *Lalloye,* étangs à Saint-Germain-de-Renom. — *Loyes* (autrefois *Loeis, Lois, Loies,* de Loya) près Meximieux. — *Loyettes* (Lagnieu), anciennement *De Loyetis,* les petites Loyes. — De l’autre côté de la Saône, au sud de Mâcon, plusieurs prés inondables s’appellent « Champ de la Lois », corrompu en « de la Loi. » — *Loise,* terre, bois et bief près la Chapelle-de-Guinchay (Saône-et-Loire), jadis *Loisia, Luisiaci villa. Loize, Loise, Loisette, Loyzette,* 6 lieux dits et ruisseaux dans l’Ain et Saône-et-Loire. *Loisy* (Châlonnais et Louhannais), 5 hameaux entourés de prés humides, dont un près de Lux, cité plus haut; anciens noms *Losiacum* et *Lusiacum.* — *La Loysie* (*Loassia*), village disparu près de Nanton (Saône-et-Loire). Deux ruisseaux de l’Ain s’appellent *Biefs de Loëze;* un hameau *Loëze*, près Bâgé, était autrefois dénommé *Luayse*, *Luaise*, *de Luasi*, où le *Lu* radical fait sa réapparition. Citons enfin, à l'appui de ces données linguistiques, une preuve que nous fournit l'histoire ; c'est près du *domaine de Loëze* à Jayat, le pays de l'argile gluante, qu'Henri IV enlisa les canons de sa petite armée en route contre les ducs de Savoie ; cette boue a reçu des géologues le terme scientifique de lehm (*limus* latin, *lina* sanscrit). — Une *Loyère* (Loeria) est devenue entre les doigts copistes et inventifs des Scribes *Louhière*, *Louière*, puis enfin *Luparia*, endroit fréquenté par les loups ! Sans commentaire.

D. — Lesches, Leschères, Lochères et dérivés. Les marais et flaques d'eau à tendance croupissante sont toujours pénétrés de plantes aigües spéciales aux familles des Joncées, Graminées et Cypéracées ; le populaire leur a donné le nom typique de Laîches, Lêches ou Lesches, nom qui lui-même sort du vieux germain *lisca*, allemand moderne *liesch*, *lisch* ; patois alsacien *lusch* et *lis*. Ainsi que je l'ai déjà expliqué, ce terme, extrait de la racine *lis*, *li*, représente une plante mouillée, lavée par l'eau, vivant dans un sol humide.

C'est la région des Dombes et de la basse Bresse, région d'étangs par excellence qui naturellement abonde en cette expression caractéristique ; mais elle est répandue un peu partout, dans le Jura, en Savoie, en Auvergne, etc. ; j'en ai relevé quelques spécimens dans la Haute-Marne et en Seine-et-Marne.

On compte dans l'Ain une douzaine de *Léchère*, *la Léchère*, les *Léchères*, les *Leschères*, lieux dits ou étangs, puis les dérivés *Lescherotte*, étang ; *la Lécherette*, *Lécherotte*, *Lescheroux* ; l'étang des *Lesches*, à Saint-Nizier-le-Désert ; celui des *Lescières*, ou *Lessières*, à Saint-André-de-Corcy ; *la Léchère*, près Confrançon ; *les Escherolles*, les *Echerolles*, écriture altérée de Lescherolle (*apud l'Escherolles*) ; les *Echets* et le grand *marais des Echets* (pour *Leschets*, *Leschays*), etc., etc.

Si nous passons en Saône-et-Loire, la Léchère se transforme en *la Lochère* (Ouroux-sur-Saône) ; Bonnay (Charollais) ; La *Lioche* : les *Lioches* (la Truchère-Brienne), etc.

*Loché*, près Mâcon, nous donne le chaînon entre les *Lioches* et les *Luiz*, car il se nommait jadis *Losiacum*, *Lusiacum*, se rattachant ainsi comme *Loches* (Indre-et-Loire), au celtique *luith*, *loith* ; à l'écossais *loch* ; au breton *Louch*, *Louech*, qui ont le sens d'étang, marais, lac, creux d'eau. Cf. le *lacus* latin. Or, il n'y a aucun doute qu'à une époque relativement peu reculée, un grand étang alimenté par la Saône s'étendait au pied de Loché jusqu'aux bords de la rivière.

Notons en terminant les formes alsaciennes des Vosges, telles que le lac de Lispach et le col de Luschpach (ruisseau des lèches) non loin de Gérardmer.

### E. — LIME, LIMON, etc.

Je recueille deux noms bien curieux, *Liman*, étang à Dompierre (Ain) et *Léman*, étang près de Noyrieux (Isère), frères cadets du grand Léman, la gloire de Genève, mais tous fils du *Limnê* des géographes grecs (radical *Li* et *Lim*).

---

Quelques remarques viennent à l'esprit après l'examen de ces différents produits de la racine indo-européenne primitive ; je signalerai particulièrement la station bien marquée des *Luis*, *Lis*, *Liez* et des *Léchères* en pays séquane et par contre l'installation dans les parties éduennes des *Lones*, *Loise*, *Loches*, *Lochères* dont la prononciation est plus douce. J'estime que les patois ont subi la répercussion de l'influence plus ou moins intense du langage romain ; la rive droite de la Saône semble avoir été impressionnée davantage par ce contact que la rive gauche.

Je signalerai de même aux chercheurs que le massif montagnard de la Savoie et du Valais présente une toponymie de *Luis*, *Luy*, *Lys* et *Lize* échappant tout-à-fait aux racines proposées pour les *Luis* de plaines humides ; le sens montagnard est celui de pente glacée, rochers glissants, névés rapides, etc., d'un radical *gliz*, *glis*, *glax* (ce qui glisse). — Ceci pour démontrer combien il faut être prudent dans le champ des étymologies et quelle nécessité absolue s'impose de les déterminer avec les méthodes évolutionnistes modernes, comme l'on s'efforce de le faire en botanique, sur le terrain même ou en parfaite connaissance de sa géographie et de son histoire. Dans beaucoup de cas, il faut faire table rase des anciennes explications basées sur des fantaisies d'esprit ou sur des parti-pris.

Un terme de lieux humides assez fréquent en Dombes et sur les bords de la Saône, *Live*, *Livet*, m'avait depuis longtemps intrigué. Grâce au concours savant et consciencieux d'un de mes amis, M. E. Durassier, de Paris, je puis l'adjoindre avec certitude à la liste des noms de l'étude qui précède.

On trouve cette curieuse forme avec les variantes suivantes :

*La Live. Lalive. Olives* (pour *Aux lives*). *Champ de la Live. Champlive. Livon. Livet. Les livets. Olivet. Montolivet* (1) (pour *Au livet, Mont au livet*). *Livot*, etc.

Elle n'est pas spéciale à nos contrées uniquement, car on la découvre en Normandie, en Bretagne, dans l'Ouest et le Centre comme dans le Dauphiné.

Le sens exact est celui de terre couverte de *joncs, jonchaie, joncheraie*, la jonquière du Midi.

En patois normand, livot signifie jonchère. Une commune de l'Eure, Livet-en-Ouche, s'est groupée en 1845 avec un hameau voisin sous le nom de Jonquerets de Livet (Durassier). Une charte des Dombes citée par Ducange donne l'explication d'un lieu dit Livot par le sens de Jonchay (Juncatum).

Il n'y a pas de doute que la Live est une forme particulière de la Lische ou Lesche (lisca) étudiée plus haut et se rattache par conséquence à la racine Indo-Européenne *Li* et *Lu*.

———

A l'étude des formes *Luis, Lis* et *Loye*, j'ajouterai divers noms de lieux relevés après coup dans l'Ain : La Loyère (Curtablanc), Leuzière (Servignat), Ruisseau des Lioux (Saint-Sulpice), Iles et marais de la Loi, bords du Rhône (Culoz).

J'ai pu constater aussi que cette forme curieuse s'étendait fort loin en Gaule et même en Espagne, dans les parties envahies par les Celtes ; je signalerai Saint-Jean-de-Luz près Bayonne (Lohizun, en Basque, pays marécageux); Bagnères de Luchon, jadis Luxon, Luxovium comme Luxeuil et Lisieux dont la divinité, protectrice des eaux, s'appelait Ilixo ; en Espagne, Loyola, le berceau de saint Ignace, la petite Loïa, prairie humide, en Basque Lohi-ola. Puisque je parle du Basque, remarquons que cette langue nous fournit loï, lohi, loïa avec le sens typique de « boue, eau marécageuse et stagnante » lohitze, boueux ; une quantité de localités situées en fonds humides dans les Basses-Pyrénées sont dénommées

———

(1) Ne pas confondre avec les *Montolivet de Provence* dont le sens indubitable est « Mont des Oliviers ».

Loïzaza, Loïzu, Loza, Lohitce, Lohitzun, etc., etc. — Liska en Basque signifie petite mare, marais......, mais je me hâte de conclure qu'à mon avis tous ces termes considérés comme Basques sont purement et simplement celtibériens, c'est-à-dire empruntés au celte par la langue Ibère.

---

### Poul. Pol. Palud.

sens de *marais*, mais dans l'antiquité avec plus large extension, témoin le Palus Maéotide.

LATIN : *palus, paludes, palustris*, etc. — GREC : *pladaros, plados*, humide, aqueux, humidité; *pêlos*, boue, bourbe. — CELTIQUE et BRETON : *Pawl, Paul, Pâl, Pol, Poul*. — ITALIEN : *Palude, Padule*. — ALLEMAND : *Pfûhl*. — ANGLAIS : *Pool*. — HOLLANDAIS : *Poel, Polder*. — SLAVE : *Para*. — VIEUX NORDISQUE : *Pula*. — RADICAL INDO-EUROPÉEN : *Pul, pudl*. — SANSCRIT : *Palan, Palvalas, Palualas*. — Adaptations toponymiques :

1° CELTIQUE *Pol* et *Poul*.

*Ain*. — Polliat (anc. Pollya, Polliacum) région humide par excellence; inondée aux grandes crues de la Saône et ruisseaux voisins; entourée de hameaux de même origine : *Polèze, Poleyset, Polaizé* ou *Peloset, Poloset*, Poulliat ou Pouillat (Treffort). — Pollieu ou Poulieu, Poullieux, bord sud du grand marais de Lavours (Belley). — La Pouille (Biziat), La Poule et Poule, (Dombes), Le Poulet-Poulet (Dombes, bords étangs et Saône, Bugey), Pouilleux (Reyrieux), Pauleux Julien (Ozan), Etang de Poule (Villars). — Poleins, Poleteins (Pelotens, Poloteins), Champ Poletin (Bords Saône, Bresse et bords Rhône), Paulot (Condeissiat), Pollet (Dombes et bords Rhône), Polet (Bresse), La Poletière (Dombes), Pollon, ruisseau sortant d'un ancien marais (Saint-Maurice-de-Rémens), Champollon (Jujurieux et Villette). Cf le nom du fameux savant Champollion.

*Saône-et-Loire*. — Pouilly, Polliat, Poluzot, Pouillat, Pouilloux. Prés Pouilloux (rives inondées par la Saône). Les Poulets, près Marizy (Marisci). Mares de Pouilly, bord Saône. Plusieurs Poully, Poulon, Champoulard.

*Rhône, Isère, Savoies*. — Poully, Poule, Poulieu, Pouilly.

*Jura*. — Néant.

Comme rapprochements avec le breton moderne, je citerai

dans l'ouest le Pouliguen (étang blanc). Paimpol (Pen-pol, la pointe de l'étang) et la forêt de Bellepoule qui a donné son nom à la frégate historique (le beau marais), etc., etc.

*Palud.* — La Palud, 7 dans l'Ain, 3 ou 4 en Saône-et-Loire. Paluat. En Paluat. La Pallua. Le Palua ou Paluas. La Palue. Les Palues, Palluet (marais et hameaux dans la Dombes, dans le Jura et Saône-et-Loire). — Malapalus, étang près Chalamont, qui a gardé pure son écriture latine. L'Épalud (Isère). La Pallas (Pollas ou Pollaz) (Belley). Palolière ou Palulière, étang Dombes, Palloux, etc. Rappelons que Genève s'est appelée autrefois Palustria.

### Bria, Bray, Brou, etc.

sens de bourbeux, fangeux, humide.

*Celtique.* — Brio, Bria, Brua, Brui, d'où nous est resté le mot bruine.

*Latin.* — Bruma, époque des pluies et de l'hiver.

*Grec.* — Brochmos, humidité. Bruon, mousse, plante humide. Brechô, mouiller, tremper, pleuvoir.

*Allemand.* — Brudeln, jeter des vapeurs, brouillarder.

*Sanscrit probable.* — Ambras, Ambhas, pluie, nuages.

Adaptations toponymiques :

Le pays de Brie, si cultivé aujourd'hui, si fangeux du temps des Meldi ; le Brouage breton en pleins marais salés.

Dans l'*Ain*, Bric (Saint-Trivier-de-Courtes), Briey (Servas). Brion, pleines humides entre la Cluse et Nantua et en Saône-et-Loire. Brey, ancien étang (Vernoux). Brou, près Bourg ; plusieurs Brou en Bourgogne et en Normandie, anciennement Brovium avec le sens de fangeux. Bry, étang (Chevroux). Bret ou Brey, étangs et fermes dans la Dombes ; les rives de la Saône comptent un certain nombre de prés de Bret. Le Bray (Champfromier et Chanaz), retrouvé en Saône-et-Loire en Bray, la Braye, dans le Jura en Brayon. Notons que le brai, résine, est une boue suintant des pins ; le goudron en provençal se dénomme brac et signifie, de même, fange, pus. Bragy ou Brazy, étang (Bouligneux). Dans le Mâconnais et la Bourgogne, on trouve des Brioles, Brouailles, Bryon, les Brys ; le Bugey dauphinois offre un étang de la Bruine, etc., etc.

### Étang. Tang, etc.

C'est le stagnum latin, v. f. estang. Inutile de les citer ; la

Bresse et la Dombes en comptent plus de mille. Quelques villages ou hameaux portent des noms rappelant leur voisinage ou leur ancienne existence sous forme de Etang, Létang, Estang, Estagnol, Tang (près Offlanans), Tanguin (Bilignin), Tagne dans Chautagne, marais près de Culoz, La Tanche, ruisseau Jura p<sup>r</sup> l'Étanche. Deux Etanche en Bugey. Les Etanches (Vescours) et les Etanchots en Saône-et-Loire. Etaignevaux (Jura) (Stagni vallis) etc., etc.

### Lant, Lent, etc.

Encore un terme spécial à nos régions et probablement celtique; tous les lieux dits ainsi spécifiés sont en terres humides ou sur rives d'étangs, quand ils ne sont pas même des surfaces d'eau. Ex. Lent (à 10 kilom. de Bourg) dont les versants E et O étaient jadis parsemés d'étangs; il y en avait 3o au moins. Lentenay ou Lantenay (Brénod). Lantet, étang (Lent); Lantoyer, étang (Birieux). Lantay, étang (Monthieux). Le Lent (Villette). Lentel, ferme près d'un étang (Chalamont). Lemps, dans l'Isère. Les Lemps. Au Lemps, tous dans des fonds humides, ce dernier près de la Palud, ce qui est assez clair.

J'estime que Lent peut se rattacher au Lind, Linn, Lenn (Breton, Cornique et Irlandais) qui signifient étang et se rattachent, eux aussi, au Limnê grec, par conséquent, à la racine première Li étudiée dans mon premier article. Cf. de même Llaid, boue en gallois, Lath, Loth, Llaeth, Loith, marais en vieux celtique.

### Mare. Marre. Marais, etc.

Ces noms bien connus appartiennent à un radical indo-européen, *mar*, *mor*, *mer*, qui ressort dans presque toutes les langues avec le sens d'étendue d'eau, douce ou salée. Latin, *mare*, mer. Langues celtiques, *mor*, *moir*, *muir*, *myr*. Gothique et vieil allemand, *marei*, *mari*, *meri*, *mere*. Ancien slave, *moru*, *morze*. Néerlandais, *moer*. Anglais, *moor*, *marsh*. Italien, *maresc*. Bas latin, *mara*. Vieux français, *maresq*, *marois*, etc., etc. Le grec seul n'a pas été pénétré par cette racine.

Notons des quantités de marais : le marais, les marais, le grand marais, le maraise, dans l'Ain, le Jura et le Mâconnais; puis le maréchet, les maréchets, maretmaréchet, la maréchette, la mare, la marre, les mares ou marres, la marette, le maret, le marat, les marets, marey. Le marécage ou marage (Bresse), marages, marolle et marolles, le marot, la marze, mardiaugne (marc d'eau) Marlieux. Le marin, le marinet, le marinaz. Ruisseaux de marine (issus d'une mare). Marangea (Jura). Maringue et maringues, maringes, à finale d'influence burgonde.

La Moranche, Cormoranche et Cormaranche. Morgelas (Bugey), le marais gelé, etc., etc.

### Morte. Mortier.

Autre nom de mare stagnante, mais avec origine différente ; l'eau croupie, immobile, semble morte, d'où les oppositions d'aigue vive à aigue morte, etc.

Latin, *mortua, morta, mors, mortis*. Bas latin, *morta, morteria, mortarium* = marécage.

A signaler : La Morte. Les Mortes. Mortevieille, surtout dans le Bugey et le Jura. La Mortelle en Bresse. Le Mortier, spécial au Jura et au Bugey. Grand Mortier, Mortier d'en haut, Mortier d'en bas, Mortier et Mortière (7 lieux dits en Saône-et-Loire ; deux en Dombes), Saut du Mortier (Jura), etc.

### Mouilles, Mouillères.

Terme peu employé dans l'Ain, mais fréquent dans le Jura et sur la rive droite de la Saône. Bas latin, *molliare ;* latin, *mollire*, de *mollis*, mou, visqueux, terrains amollis par l'eau. Ex. Les Mouilles (Dombes, Genevois, Jura et Saône-et-Loire). La Mouille. Les Mouillés. Les Mouillets. Mouillat. La Mouillette. Les Mouillons. Les Mouillottes. Les Mouillères (Jura et Saône-et-Loire). Molliat (Ain). Petite et Grande Mollie (Isère). La Mollière (Genevois). Mollères (7 en Saône-et-Loire). La Mollerie. Les Mollières. Mouillenat. Mouillargues (Saône-et-Loire). Moillesulaz ou Mouillesoulaz (Haute-Savoie et Genevois). Meuillat ou Muillat, près Matafelon, etc. Prés des Moules (p^r Mouilles), Cormoranche.

### Noue, Noaille, Niaize, Nièvre.

Je présente ici une forme toponymique très intéressante, essentiellement française par son extension et par son origine celtique.

Le rameau linguistique celto-kimri nous fournit *noe, neo, noeo, noïo, nuas, noas, naoz,* qui ont exprimé et expriment encore l'idée de terrain bas, humide, facilement inondable, creux d'eau, pré mouillé et même ruisseau. Dans les autres rameaux, on peut comparer *nass, netzen, nixes, nieder, nith,* allemand et anglo-saxon, avec les sens d'humide, arroser, ondines, déesses des eaux, lieux bas, etc., etc. *Niza, nietze, nizane,* etc., en slave, bas fonds humides. *Nôteros,* humide, en grec, *néô*, couler ; *naïades* en latin. *Nâw, nâwah,* en persan, creux d'eau, canal. Enfin, *nabhas,* eau qui coule en bas, pluie, nuage, d'où les *nivis,* neige, *nubes,* nuée, latin et français, en sanscrit, et surtout la racine *ni* indiquant le bas, tout ce qui est en bas.

Voici les applications de ces diverses formes à notre topographie régionale :

1° *Noe, Noa, Noïo, Nio, Neo, corrompus par les Romains en Novio, Novius, Novi.*

Tous les Noyon, Nyon, Nion (Noviodunum ou Noviomagus anciens) 3 en Saône-et-Loire ; aucun dans l'Ain, 1 en Suisse près du pays de Gex.

Tous les Nogent (Novigentum) 2 en Saône-et-Loire.

Tous les Neuilly, Neuillon, Nuilly, Nully (ancun dans l'Ain, 6 en Saône-et-Loire). Plusieurs Nully en Côte-d'Or.

Tous les Noaille, Noailles, Noailly, Noille, Nolle, Nole, Nolay, Noëlle et Noël (corruption de Noal, Noalle, Noilly) (1 dans l'Ain, les autres dans le Lyonnais et en Bourgogne).

Le vocable le plus répandu est Noue, Nou, Nouie ; on en compte une quinzaine en Saône-et-Loire, des quantités dans la Haute-Bourgogne, très peu dans le Jura, aucun dans l'Ain. On relève par contre en Dombes l'étang de Noyer, jadis écrit le Noïé, et près de Saint-Maurice-de-Gourdans, Noyau, le vrai *Noïo* celtique, en terrain autrefois marécageux.

2° *Nuie, Nie, Niés, Niaize, Nize,* se rattachant à la Nouie ancienne, soit au pur radical *ni* sanscrit.

L'Ain nous fournit Nizeret ou Nizerelle, Le Niaizet, La Nièce, anciennement Nuaise, Niaise, étang de Dombes, La Nieuse (Boz) Niost, Saint-Jean-de-Niost (Noyost, Noïoscum).

En Saône-et-Loire, nous avons Nuit, creux marécageux voisin de Fangey le Haut et le Bas, terrains de fange. Champ de la Nuizette. Les Nizières. La Nuzière. Les Niées ou Niez.

Le Lyonnais et la Bourgogne sont aussi riches en Nuits (Nuis ou Nuys) traduits légèrement en *Nucetum,* La Nuizière, Nuisière, Niscrol, Nuas, Neuzy, Bois des Nisiats, Corne des Niaizeux, prés au bord de la Saône.

3° *Nièvre, Nivre, Nèvre,* etc.

J'attire l'attention sur ce terme original ; il est bien régionalisé sur les rives de la Saône ; quelques rares ilots en émergent dans la Bresse ou dans le Bugey et, fait particulièment bizarre, il a presque disparu dans le bassin qui porte son nom, c'est-à-dire le long du cours de la Nièvre. Complètement inconnu en Lyonnais, Beaujolais, Morvan et le haut Jura. Presque partout, les paysans prononcent Nivre, rappel inconscient, mais traditionnel du celtique Niver.

On retrouve sa trace antique dans le Nivernais actuel, Nevers (*Nivermum*) avec des dénaturations en *Nevir*, *Neber*, *Niber*, *Never*, *Naver*, etc. Le Niver, Never gaulois comme la Nièvre moderne signifiait prairie humide, souvent inondée; Nevers était entouré de prés humides; la Nièvre (*Niver-is*) était un cours d'eau passant au travers de prairies mouillées par elle; cette rivière n'a en effet aucune pente et ses bords sont relativement plats, toujours frais. Toutes nos Nièvres de la Saône sont recouvertes d'eau deux ou trois fois par an.

La Nièvre française a deux sœurs en Angleterre, la *Never* ou *Nevern* (Pembroke) et la *Naver*, *Navern* (Sutherland); leur nom gaélique a le même sens que chez nous et le langage anglo-saxon moderne garde encore son souvenir en *Niwel*, creux profond, dépression du sol. Nous possédons la même expression en Picardie sous forme de Nives et Nivelles.

Voici la localisation des Niver antiques dans notre pays :

*Ain*. — Les Nièvres. Le ou La Nièvre, Les Nivres (Boz, Pont-de-Vaux et rive gauche Saône). Non loin de Trévoux, il y avait des Nièvres, toujours au bord de Saône (Prata dicta de *Nevro* sita juxta ripariam Sagona. — Acte 1279 Ainay). J'en relève aussi à Domsure, Coligny, Saint-Amour. Comme colonies isolées, citons La Nièvre, près Ambutrix, Niévroz, prononcé Nivres (Montluel) dans l'ancien lit du Rhône. La Nièvre, étang près Châtillon-de-Michaille. Très Naievroz ou Très Nairvaz, hameau près des Nièvres (Lalleyriat), etc.

*Saône-et-Loire*. — Les Nièvres. Aux Nivres. En Nyèvre. Perré des Nièvres. Le Nièvre. Connièvre ou Cornièvre (ferme de la Nièvre) (environs de Mâcon, Mouge, La Salle, Vérizet, Saint-Alban, Lugny, Farges, Ormes, la Frette, la Vallèvre, etc.) Nèvre (Saint-Désert), Nivrons (Bresse Louhannaise et bas Jura), etc.

---

### *Paule*, *Peule*, *Putet*, etc.

On remarque ce terme particulier sur toute la ligne orientale de notre France, depuis les Vosges, où domine la forme *peule*, jusqu'aux Alpes du Dauphiné qui affectionnent la forme

*Paute* en passant par le Jura et l'Ain avec l'abréviation *Pute*, *Putet*. Le sens est le même partout : vilain, sale, fétide, marécageux, et topographiquement dépression de terrain fangeux, tourbières à mauvaise odeur.

Le celtique *peute* se rattache au latin *puter, putris, putidus, putere, pus* (pourri, puer, pus) grec *puon, puthô*, sanscrit *pui*, ce qui se pourrit.

A relever dans l'*Ain* : Putet, Le Putet, Putey, Putier ou Puthier, Le Puthier, Puteret, Les Putins, Pétillières ou putillières, Les Puthods, Bois de Puthod (Bresse-Dombes, Haut et Bas Bugey, Michaille). Pote, eu Dombes.

Dans *Saône-et-Loire* : Villars Putet, Le Puthet, Puthières, Putigny, Putinat. Les Putin. Putacrot (creux bourbeux), Peute, Le Peut, Les Peutots, Les Peuts, Le Pautet (3), etc., etc.

Dans l'*Isère* : La Paute, Pautex, Poutex, Poute.

*Près de Paris* : Puteaux.

### *Roseaux, Rosières, Rousses, Rozel, etc.*

C'est le cas de répéter ici le proverbe italien : « traduttore, traditore ». Combien d'étymologistes, affamés de réclame, ont décoré de couronnes de roses des noms de lieux où foisonnent les feuilles aigües du roseau ! Les rosiers n'aiment guère, que je sache, les coins limoneux, les trous d'eau et les marges des étangs ; aussi ne dois-je pas hésiter à leur enlever le domaine si abondant en *Bresse et Dombes* des Rosières, Aux Rosières, Rosière, Rozière, Les Grandes Roussières, Les Roussettes, Les Rousses (Polliat), Le Rousset, fréquent aux bord des étangs. Rosset, Rossille, La Roussière, Le Rozet ou Rozeit, Les Rozières, Hautes et Basses Rosettes, Les Roselles, Le Roussillon, Rossillon, ce dernier au bord des marais qui s'étendent jusqu'à Virieu-le-Grand ; *dans le Jura* : le lac des Rousses, les Rousses, les Roussettes, Le Roselay, Le Roselet, Au Roselois, Rosay, Les Roz, Rosières, les Rosières, Rozierres, Les Roussets, le ruisseau de Roussette.

En *Saône-et-Loire* : La Rosière (6), Le Rousset (9), Roselay, Roussillon, Rouzeaux, Rouzière, Rosey. etc. En *Savoie*, Roselend, haute vallée de prés marécageux où ne fleurit, en fait de simili roses que le Rhododendron ferrugineux.

Toute cette toponomastie remonte au vieux français *Rosel* et *Rozel, roz, rozelière*, au bas latin, *Rosellus Rausea*, au provençal *raus, rauzel, rauzière, rausos*, qui joint au sens de roseau et de jonc, celui de boue, lie, liquide tartreux ; à l'allemand *rausch*, Goth. *raus, rusch*, anglais *rush*, au latin *ruscus*, rad. *rusc, srux*, ce qui déchire (feuilles coupantes) ; gaëlique écossais *rasch*, breton *raoz* ; sanscrit *rasa*, plante qui vit dans l'eau ?

La forme antique *rasch, rausch, rusc*, explique le sens de plusieurs vieux mots français de lieux, tels que rase, rasque et raque, (bas lat. rasa et rachia) qui comportaient des creux d'eau, fossés et petits canaux, bordés de roseaux.

### Sagnes, Seignes, etc.

Très rare dans nos régions ; spécial surtout aux Alpes de Sud-Est.

La sagne, saigne, seigne est le nom donné dans le Midi à la massette d'eau (*typha*) et à certains carex ; le provençal en a tiré, par conséquence, la signification de marais. Ex. La Seyne, près de Toulon, origine celtique probable *sag-na*, à rapprocher du latin *sag-itta*, flèche. Radical indo-européen *sag, sak*, ce qui coupe, ce qui perce ; les premières flèches ont été faites de roseaux et autres plantes aquatiques.

Je relève dans l'*Ain*, Ceignes, près de Cerdon, là Traver-saigne (Bugey), passage dans les roseaux. Segny (Gex) pays autrefois inculte et marécageux. La Seigne (Belleydoux) ; en *Saône-et-Loire*, Saigne ou Seigne. Les Saignes. Saigne morte. Saignet gratet. Rien dans le *Jura*. En Savoie, Col de la Sei-gne. Dans les Basses Alpes, quantité de Sagnes et Sagnières.

### Bage, Bauge, Bauche, etc.

De nouveau une expression de plantes aquatiques ; sens de marais où pourrissent les herbes pointues, carex, joncs et ro-seaux, la bauche ou bauque Dauphinoise, la bage bourgui-gnonne que le patois prononce Bôdge, Bas latin baugia et balgia ; provençal balco, plante de marais ; celtique balc, croûte de terre, sol gras.

L'Ain nous offre en Bresse Bâgé-la-Ville et Bâgé-le-Châtel (avec Balgiacum, Baugiacum, Baugia, Baugies, Baugé). Les Bâgés, Etang de Bagée, Bagière, Bajet ; dans le Bugey, la Bauche, Boge d'en haut, Boge d'en bas, etc.

En Saône-et-Loire, nommons Les Bajets, les Bajons, La Bauche, Les Baucherats, Baugey, Baugy, Grand et Petit Baugis, Les Baujards, etc., etc.

### Botte, Bottière, Botasse, Boutasse.

C'est le mot favori des paysans pour désigner un trou d'eau, une mare à crapauds. Le radical *bot, bod, bout*, indo-euro-péen donne l'idée d'enflure et de creux tout à la fois, ce qui est logique; un objet arrondi ayant une partie concave opposéc au côté convexe et inversement. Ici, il s'agit du creux, et le *bot* celto-germain se rapproche du *bathos* grec, profond. — Je note dans l'Ain Boutasse, La Botasse, Le Boutassier, Les Boutières, 2 étangs et 6 hameaux, La Botte en Dombes, La Botte Leschère, la mare aux laîches. La Bottière. En Saône-et-Loire, Les Boutières, Les Bouterons, Bouthier, Bouthière, ou Boutière, etc. Ajoutons que maître crapaud tient son nom patois « bot, botrel, boterel, botereau » de son séjour préféré dans les « boutasses. »

### *Flache, Fléchère, etc.*

Vieux français flasque. flesque, flèche, flace, creux d'eau, *flaque* d'eau, bas lat. flachia. Me semble d'origine germanique : Flach, plat, Fläche, surface plane ; la flaque d'eau est généralement plate. Cf. plat, plan et plaque d'origine latine. Dans certains cas. cependant, on pourrait appliquer le sens latin de *flaccus*, mou, terrain mou, mais c'est très douteux pour les Fléchères, par ex. Cette toponymie est d'ailleurs assez rare : La Fléchère, Fléchères, Fléchet, Flaxieu, dans l'Ain ; Flacé, Flacey, Les Flesses, Saône-et-Loire.

### *Fagne, Chaffange, Pagne.*

Sens de terrain fangeux, boueux ; origine germanique, *fang*, goth. *fangi, fani*. Très répandu dans le Nord et l'Est, sous forme de Faigne, Feigne, en Bourgogne, foigne.

Peu abondant dans nos régions : Fagne, Fange (la) Dombes. Pagne et Pagneux, adoucissement du f germanique en p, étangs et fermes (Chalamont, Saint-Jean-de-Thurigneux, Saint-Nizier-le-Désert). Les Fanges, Fangy, Haut et bas Fangey, Les Pagnes (Saône-et-Loire). Chaffange, d'où est sorti un nom d'homme assez répandu, Chaffangeon, La Chaffangère, étang de Dombes, Chaffangeon, Chaffanel (Bresse et Dombes) tous au bord d'étangs ou d'anciens étangs. Chaffange me semble être la réunion des deux termes, caffe, chaffe, creux, et fange, mot à mot creux fangeux, Cf. Chaffond et Chaffon (Bresse) fond creux. Chaffange n'existe pas dans le Jura ni sur la rive droite de la Saône.

### *Joncs, Jons.*

Latin *juncus*. — Jonchay, Au Jonchay, Le Jonchai, La Jonchère, Jonchet, Joncière, Joncy, Jonzy, Joncs, Jons, Aux Jons, Joncpré, Les Joncs, Le Jonc, moulin de Jonc, Jonage (Ain, Saône-et-Loire, Isère et Jura).

### Conche, Conque.

Latin *concha*, coquille, creux, par extension bassin. Grec *Konkhê*. Sc. *çankhas*.

La Conche, Conche (étangs), Les Conches, Conchets (quatre dans l'Ain, trois en Saône-et-Loire).

### Mattes, Matis.

Sens de prés humides. *Mato*, celtique, *Matt*, germanique, *Meadow* anglais, *Madidus* latin. Les Mathys, Mathey, étang et bord d'étangs (Ain). Les Mâtis et Mathis, les Maties, les Mathoux, les Mathey, tous en lieux humides et généralement sur les rives de la Saône, Mâconnais et Bourgogne.

*Pattes*, terme de patois bressan signifiant lieux bourbeux. On peut en voir l'origne dans Paute et Pute étudiés plus haut, mais je serais plutôt partisan de la forme « pature », étant donné surtout que certains étangs sont nommés « pâturiers » ; il doit s'agir d'anciens marais transformés tantôt en surfaces d'eau, tantôt en prairies où vont paître les troupeaux. Exemple : Les Pattes, Pâturier, Les Patin, Le Patouillet, Les Patoux, Moulin des Pates, Grange du Patet, Ruisseau le Patouillet (Ain, Saône-et-Loire et Jura). Cf. le verbe argot « patouiller », barboter, marcher dans l'eau.

### Bouille, Gouille, Souille.

Il est à remarquer, comme phénomène linguistique, que les mots exprimant une idée d'humidité ou de décomposition humide sont généralement affectés d'un suffixe en *ouille*. Témoins : mouille, ouiller, patouille, rouille et les trois vocables ci-dessus.

*Bouille*, (bourbier), se rattache, comme boue et buée, au latin *buere, imbuere*, mouiller, et non à *bullire*, bouillir, ou au germain *buzzi* que préconisent divers étymologistes. *Gouille*, b. latin *Gollia*, creux d'eau, appartient au latin *Gula*, gueule, bouche ouverte ; il s'agit ici d'une mare profonde, d'un trou d'eau.

*Souille* est le substantif du verbe souiller, eau sale, marécage. Prov. *sulhar*, angl. *soil*, allem. *sülhen, sûdeln* ; à rapprocher du latin *suillus, suile*, étable à porcs, latin et grec *sus*, porc ; la souille est la boue où se vautrent les porcs.

Exemples : *Bouille*, Bouillères (étang), Bouillet, Bouillatières, Bouillaque, Le Boillet, (Ain), Pré Bouillet, Bouillod, Bouilloux, Les Bouillères, Les Bouillards, Bouilleux (Jura et Bresse Louhannaise).

*Gouille*, Gouillat, Margouillat, Les Gouilles. La Gouille,

dont un ruisseau. Les Gouilles, étang, Gouliards, Le Gouillat (Ain, Louhannais et Jura).

*Souille.* Étang Souillard, Au Soillet ou Souliet, Le Souillat (ruisseau) mêmes départements (2 dans l'Ain). On peut rattacher La Sarsouille, ruisseau qui traverse Oyonnax et se jette dans l'Ange ou mieux le Lenge.

*<br>* *

Je citerai enfin, pour terminer cette longue liste, les *Grenouillères* (*Rana* latin), La Ranée, Renouilly (étang) Grenouillat, Le Grenouillet, Renouillet, Bief de Renoille.

Le *Bourbier*, 1 seul en Dombes, 1 en Saône-et-Loire.

*Crolle* et *Crollet*, lieux fangeux, le *Croule* (Ain et Saône-et-Loire), origine v. fr. crolle, écuelle, crolière, fondrière, probablement autrefois crodle, crotle. Cf. angl. *crottle*, crotte, bouc, ou sens de : *Crot, Crottet, Crote*, creux d'eau, creux de terrain, b. latin *crotum*, tiré du latin *corrodere*, creuser, ronger.

Le Crot. Crot au chien, Crot au loup, Crottet, Les Crots, La Crote, Les Crottes, Crotenaud, Crotenay, etc. (Ain, Jura, Saône-et-Loire).

*Bey, By*, v. fr. *baye, baille, baya*, bassin, creux d'eau ; on dit encore une baille pour un baquet d'eau.

Ex. : Bey. Les Beys. Port de By. Beybleu (étang bleu), Bay, Les Bayons ; environs de la Saône sur les deux rives ; près de Montluel, un étang est dénommé Bey. Dans l'intérieur, loin des rivières et des étangs, Bey est une altération de Boy, bois.

Je finirai sur un terme assez rare, mais topographiquement adapté à des parties humides de nos régions, *Vaise*, anc. Vasa et Vasia (la Vaise (Saint-Nizier-le-Désert, Villeneuve) Vaizé (Saint-Étienne-sur-Chalaronne), Les Vaises. Le Vaizin, dans des fonds de terrains en Saône-et-Loire et Isère, et le grand faubourg de Lyon ; ne serait-ce pas une forme du *Was, Waso, Wasen* germanique, vase, terre humide, apparenté à notre gazon (*waso*), au *Wet* germanique et anglo saxon, aux *wasser* et *water*. Radical indo-européen *wad, wat* et *was*, eau ?

En cherchant bien, on découvrirait certes quelques autres toponymies de terrains aqueux. Voilà la meilleure réponse aux vieux auteurs qui ont entretenu la fallacieuse légende de la pauvreté de notre langue géographique.

Mâcon, décembre 1910.

BOURG. — IMP. DU COURRIER DE L'AIN